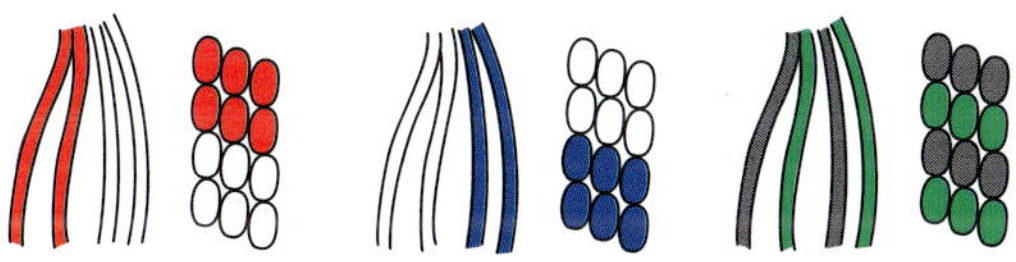

Material: Verwende 180 cm langes Garn und 3 bis 8 Fäden pro Armband. Probiere verschiedene Farbkombinationen aus!

Streifen

Die Fäden, wie oben gezeigt, zurechtlegen. Knüpfe Rechtsknoten (oder Linksknoten) in Reihen durch die einzelnen Fäden, bis das Armband die richtige Länge hat. Linksknoten bewegen den Strang (bzw. die Farbe) von links nach rechts, Rechtsknoten von rechts nach links.

Das Band wird immer einen Knoten schmaler, als Fäden verwendet werden: Bei 4 Fäden für ein Armband ergeben sich 3 Knoten, bei 3 Fäden werden 2 Knoten geknüpft. Mach Dein Armband so breit, wie Du magst, und kombiniere die Farben so, wie sie Dir gefallen!

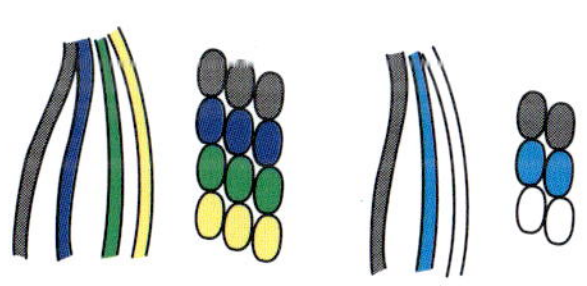

Material: Verwende 90 cm langes Garn und 3 bis 8 Fäden pro Armband. Probiere verschiedene Farbkombinationen aus!

Vergiss nicht: 2-mal knüpfen = 1 Knoten!

Material: Verwende 180 cm langes Garn und 3 bis 8 Fäden pro Armband. Probiere verschiedene Farbkombinationen aus!

Techniken zum Beenden der Armbänder siehe S. 18!

Fischgrätmuster

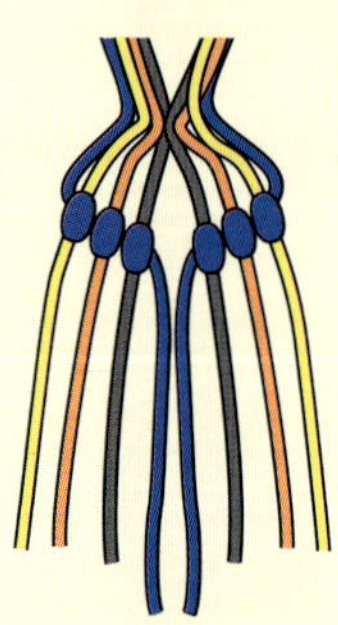

1 Beginne links und knüpfe 3 Linksknoten zur Mitte des Armbands. Auf der anderen Seite 3 Rechtsknoten zur Mitte knüpfen.

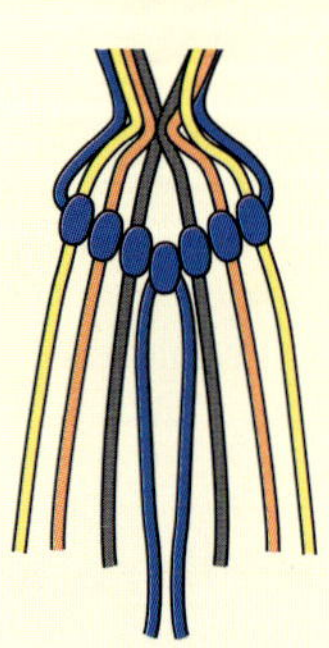

2 In der Mitte einen Links- oder Rechtsknoten knüpfen. Wiederhole das Muster jeweils mit den äußeren Fäden bis zur gewünschten Länge.

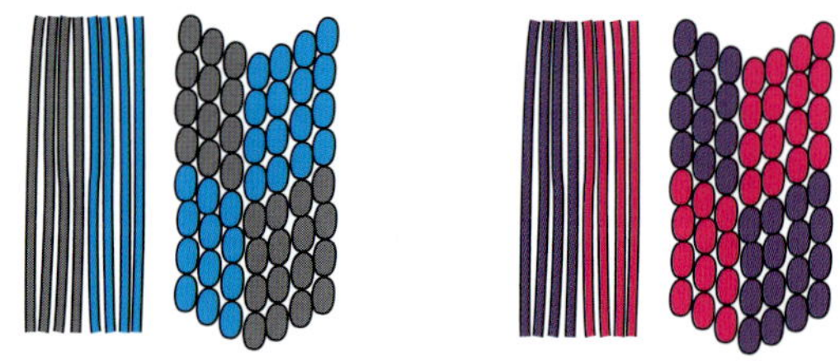

Fischgrätblöcke

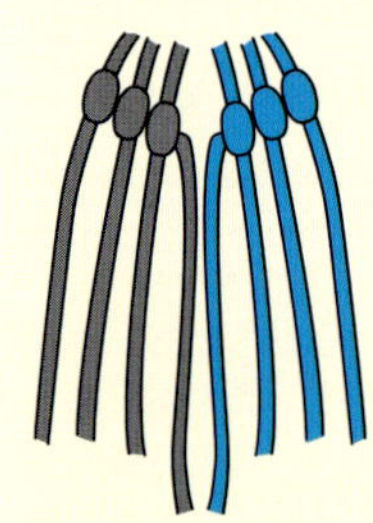

1 Beginne links und knüpfe 3 Linksknoten zur Mitte des Armbands. Auf der anderen Seite 3 Rechtsknoten zur Mitte knüpfen.

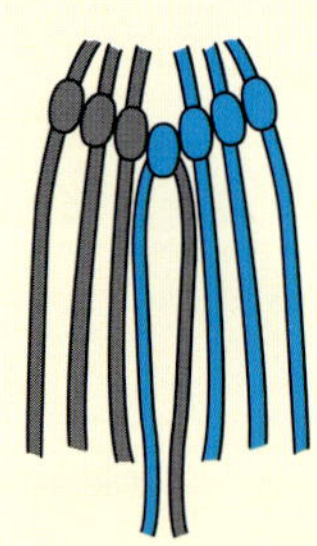

2 In der Mitte einen Rechtsknoten knüpfen. Schritt 1 und 2 mit den äußeren Fäden bis zur gewünschten Länge wiederholen.

Vergiss nicht: 2-mal knüpfen = 1 Knoten!

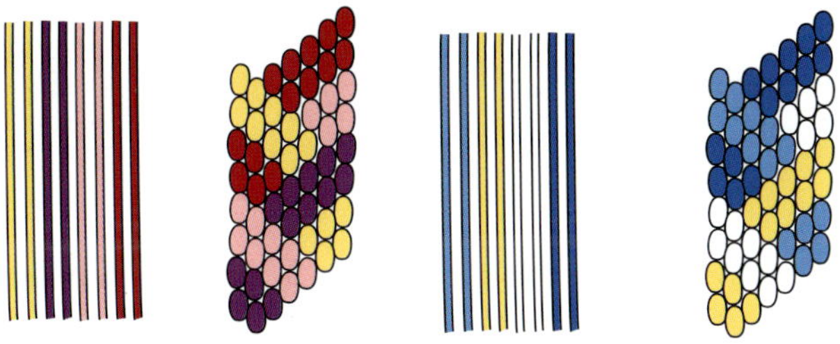

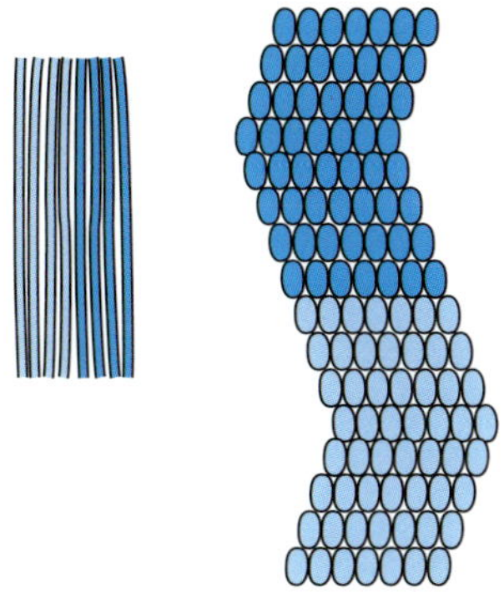

Verwobene Streifen

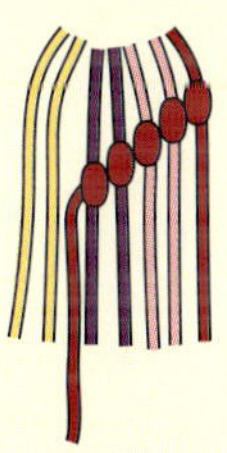

1 In der 1. Reihe rechts beginnend 5 Rechtsknoten knüpfen.

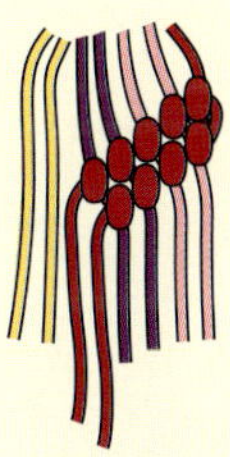

2 In der nächsten Reihe 4 Rechtsknoten knüpfen.

3 In der nächsten Reihe 3 Rechtsknoten knüpfen.

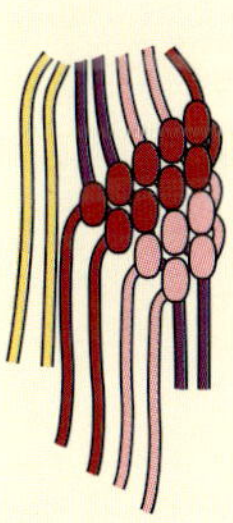

4 In der nächsten Reihe 2 Rechtsknoten knüpfen.

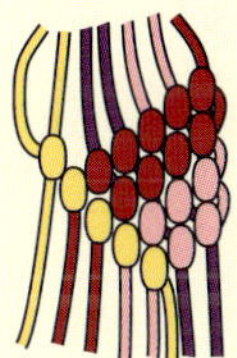

5 Links beginnend 5 Linksknoten knüpfen.

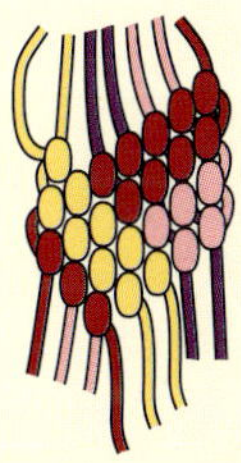

6 In der nächsten Reihe 4, in der folgenden 3 Linksknoten knüpfen.

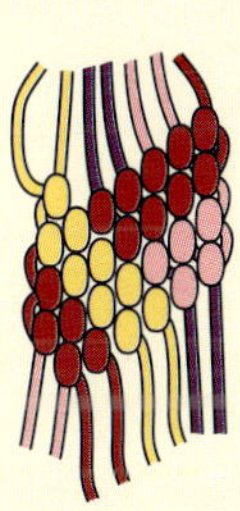

7 In der nächsten Reihe 2 Linksknoten knüpfen.

Die Schritte 1–7 bis zur gewünschten Länge wiederholen.

Zickzackband

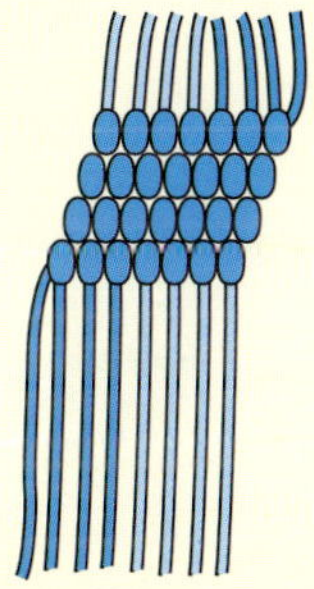

1 Knüpfe zuerst 4 Reihen rechts in Farbe A (die Knoten werden sich nach links neigen).

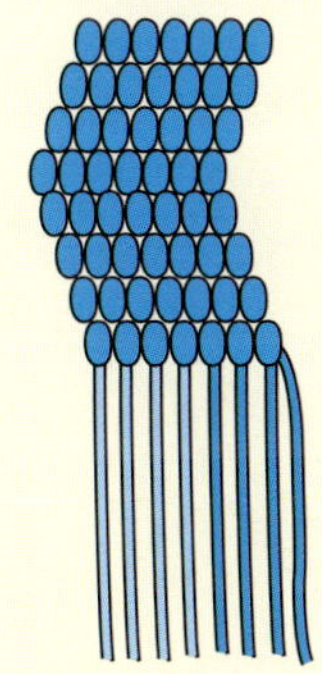

2 4 Reihen links in Farbe A knüpfen (die Knoten werden sich nach rechts neigen).

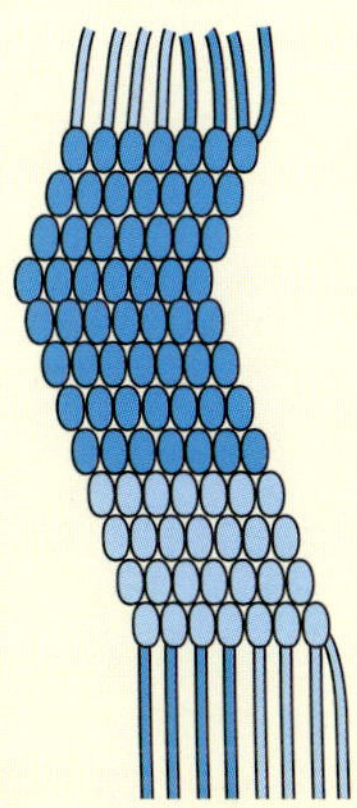

3 Weitere 4 Reihen links in Farbe B knüpfen (ergibt 8 Reihen, die sich nach rechts neigen).

4 4 Reihen rechts in Farbe B, dann weitere 4 Reihen rechts in Farbe A knüpfen. Die Schritte 2–4 bis zur gewünschten Länge wiederholen.

Es macht Spaß, Bänder in allen Farben des Regenbogens zu knüpfen!

Techniken zum Beenden der Armbänder siehe S. 18!

Einzelne Wellen

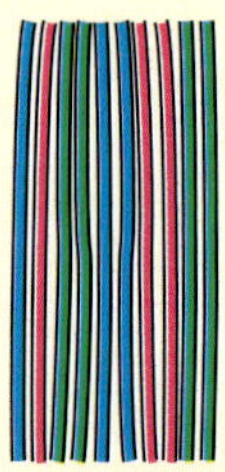

1 Mit 10 Fäden knüpfen. Die beiden Fäden links außen bilden die Trägerfäden.

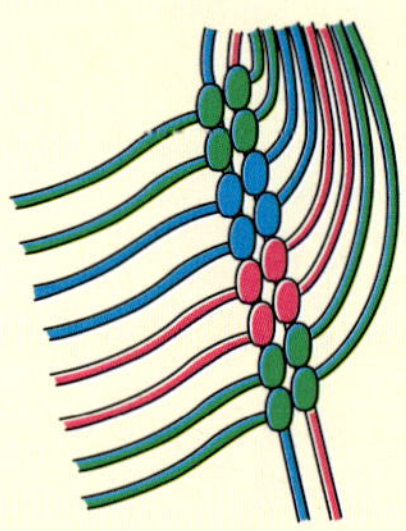

2 Beginne mit dem 3. Faden von links und knüpfe einen Rechtsknoten auf den inneren Trägerfaden, dann einen weiteren auf den äußeren Trägerfaden. Mit den nächsten 7 Fäden wiederholen.

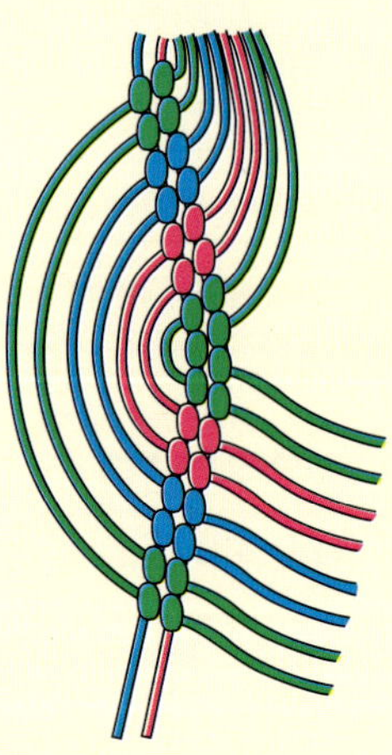

3 Verwende den untersten Faden, um einen Linksknoten auf den rechten Trägerfaden zu knüpfen. Mit allen anderen Fäden je einen Linksknoten auf die beiden Trägerfäden knüpfen. Bis zur gewünschten Länge wiederholen.

Vergiss nicht: 2-mal knüpfen = 1 Knoten!

Doppelwellen

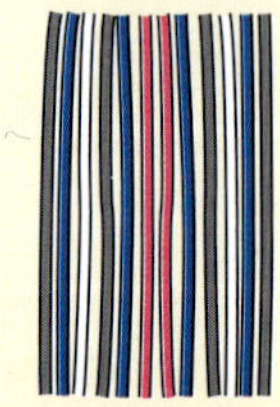

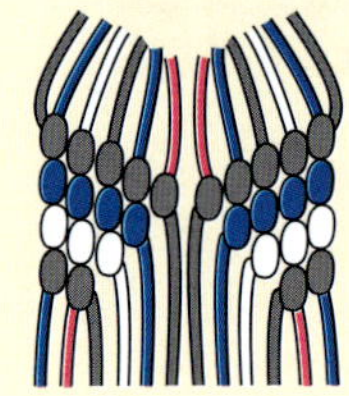

1 Zuerst wie das Fischgrätmuster (S. 4, Schritt 1) knüpfen, aber in jeder Reihe einen Knoten weniger machen.

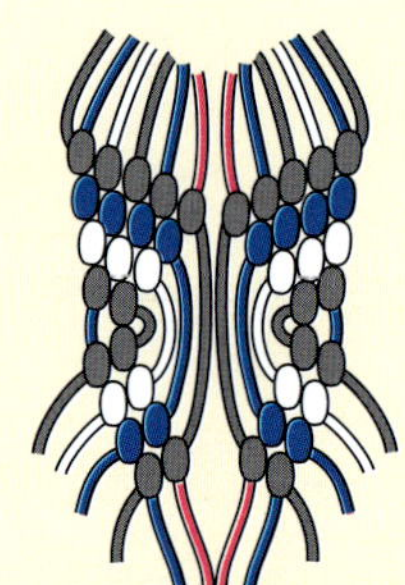

2 Knüpfe die nächsten 4 Reihen auf der linken Seite je 2 Rechtsknoten. Auf der rechten Seite mit Linksknoten wiederholen.

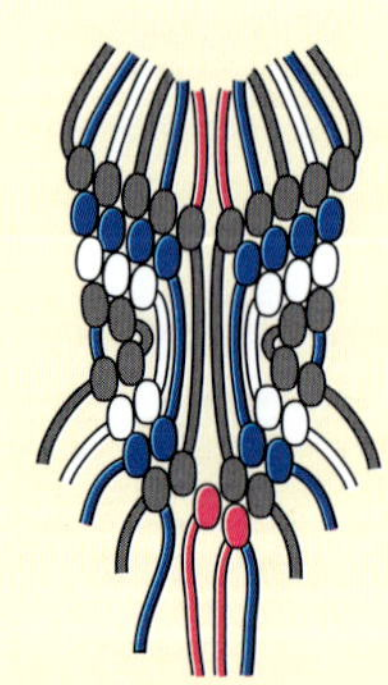

3 Einen Links- oder Rechtsknoten mit den 2 mittleren Fäden knüpfen und einen Rechtsknoten auf den 1. rechten Knoten setzen.

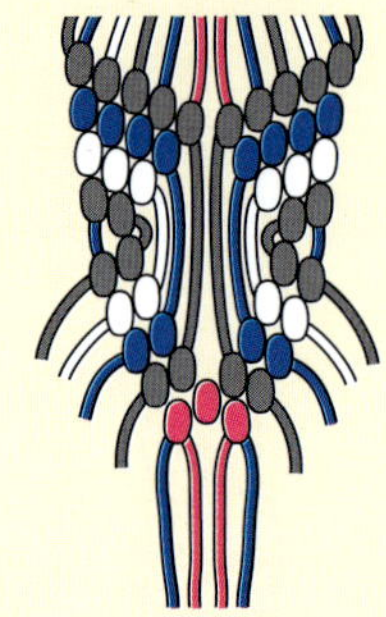

4 Auf den 1. linken Knoten einen Linksknoten knüpfen.

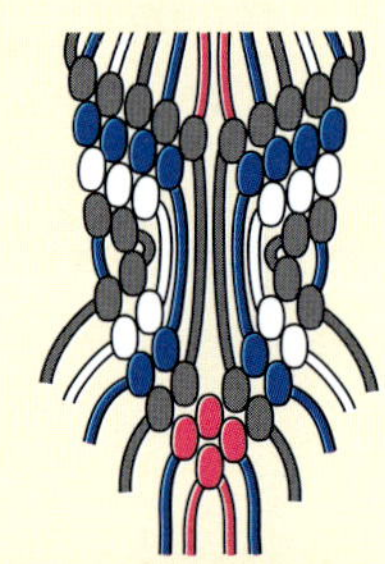

5 Einen Links- oder Rechtsknoten mit den beiden mittleren Fäden knüpfen.

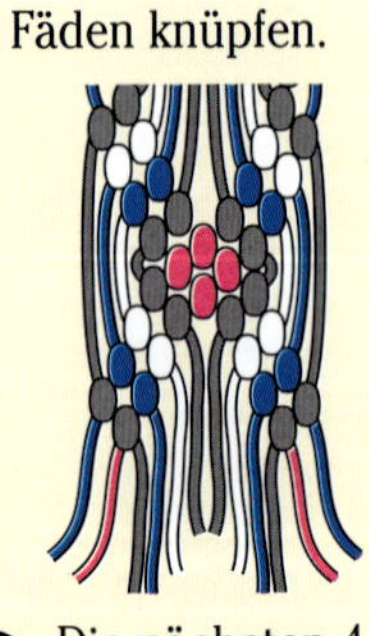

6 Die nächsten 4 Reihen je 2 Linksknoten nach links knüpfen, nach rechts mit Rechtsknoten wiederholen.

Die Schritte 1–6 bis zur gewünschten Länge wiederholen.

Techniken zum Beenden der Armbänder siehe S. 18!

Flacher Zopf aus 4 Strängen

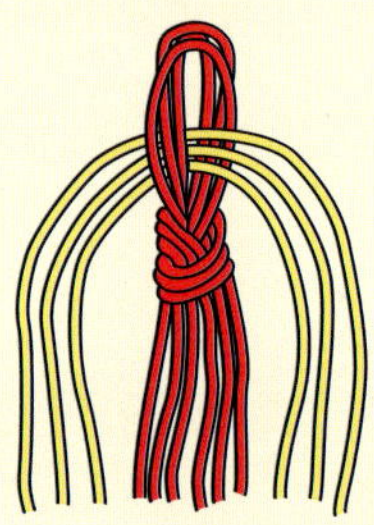

1 Halbiere einen Strang Fäden und verknote ihn mit einem Überhandknoten. Einen weiteren Strang durch die eben geknotete Schlinge fädeln, sodass der Strang sich in der Mitte teilt.

2 Den linken Strang in der Mitte mit dem rechten Strang überkreuzen, sodass der linke Strang oben liegt.

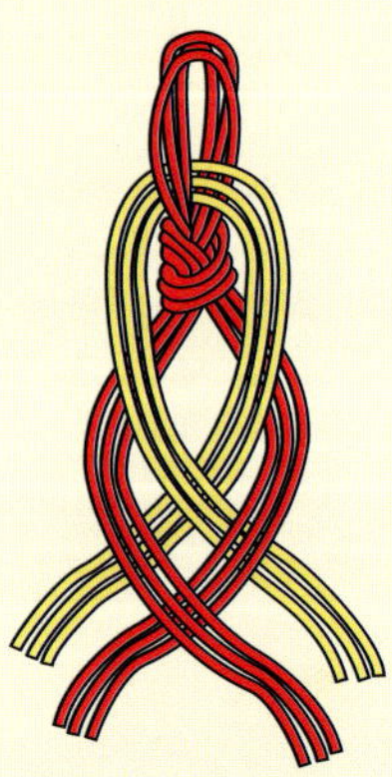

3 Die neuen Stränge unter die ersten Stränge bringen. Die Enden der ersten Stränge in der Mitte des Armbandes überkreuzen. Wiederhole die Schritte 2 und 3, bis das Band fertig ist.

Halte die Stränge flach!

Spiralknoten

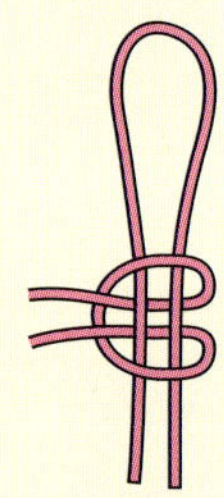

Ankerknoten

1 Um die Arbeitsfäden mit den Trägerfäden zu verbinden, falte die Trägerfäden zur Hälfte. Den Arbeitsfaden auf gleiche Weise falten und mit einem Ankerknoten an den ersten Fäden befestigen, sodass eine Schlinge entsteht.

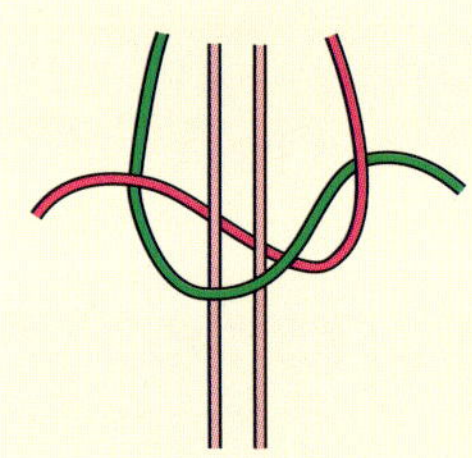

2 Führe den rechten Faden unter die Trägerfäden und über den linken Faden. Den linken Faden über die Trägerfäden und unter den rechten Faden führen.

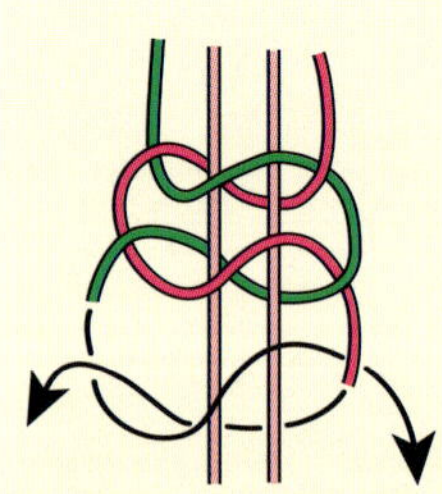

3 Schritt 2 bis zur gewünschten Länge wiederholen. Der rechte Faden verläuft immer unter dem Trägerfäden und über dem linken Faden. Der linke Faden verläuft immer über dem Trägerfäden und unter dem rechten Faden.

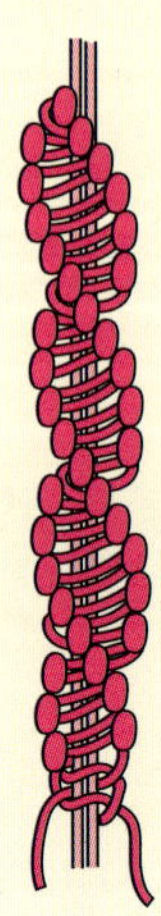

4 Die Knoten winden sich während des Knüpfens von alleine rund um die Trägerfäden.

5 Um Perlen einzuknüpfen, fädle diese einfach auf die Trägerfäden. Zwischen 2 Perlen je 2-mal Schritt 2 wiederholen.

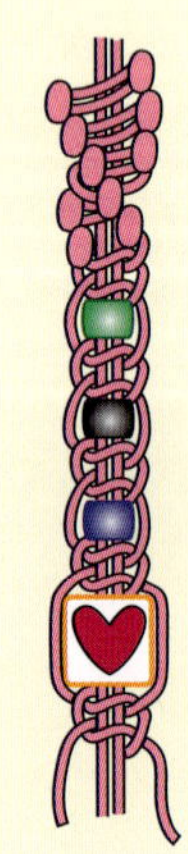

Spiralknoten und Schellen

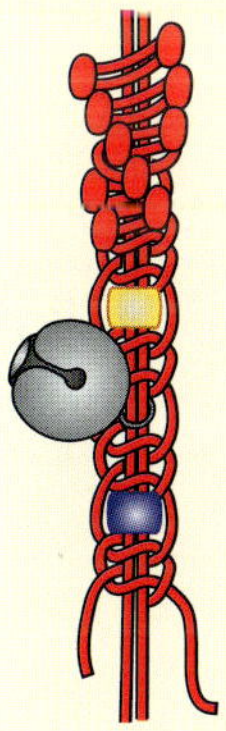

1 Knüpfe etwa 4 cm im Spiralknoten. Fädle anschließend eine Perle auf die Trägerfäden, knüpfe 2 weitere Spiralknoten und fädle eine Schelle auf die Trägerfäden. Nach 2 weiteren Spiralknoten wieder eine Perle auffädeln.

2 Knüpfe etwa 2 cm weiter, bringe eine Perle in der Mitte an, knüpfe 2 Spiralknoten und befestige eine Schelle in der Mitte.

3 Schritt 2 wiederholen, bis das Armband ca. 4 cm kürzer ist, als gewünscht. Dann nur mehr mit Spiralknoten weiterknüpfen.

Spiralknoten und Gänseblümchen

1 Knüpfe 5 cm lang Spiralknoten, fädle 1 Stickperle auf die Trägerfäden und 3 Perlen auf jeden der beiden Arbeitsfäden.

2 Zwischen den einzelnen Blumen etwa 1,5 cm weiterknüpfen. Wiederholen, bis das Armband ca. 6 cm kürzer ist, als gewünscht, und dann nur noch mit Spiralknoten weiterknüpfen. Du kannst Perlen in all den Farben verwenden, die Dir gefallen!

Spiralknoten mit Perlen

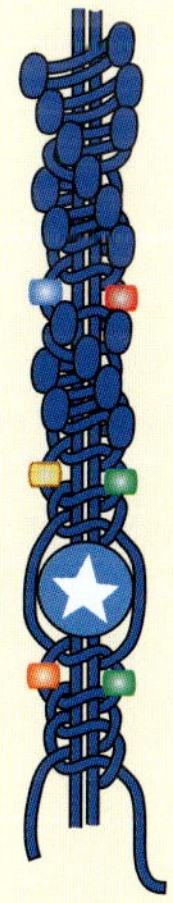

1 Ca. 2 cm lang Spiralknoten knüpfen, dann je 1 Stickperle auf die beiden Arbeitsfäden fädeln.

2 Etwa 1,5 cm weiterknüpfen, dann wieder je 1 Stickperle auf die beiden Arbeitsfäden fädeln.

3 Schritt 2 noch 2-mal wiederholen und weitere 2 Spiralknoten knüpfen. Anschließend eine hübsche Perle auf die Trägerfäden fädeln, 2 weitere Spiralknoten knüpfen und 2 Stickperlen an den Arbeitsfäden anbringen.

4 Wiederhole die Schritte 2 und 3, bis das Armband 2 cm kürzer ist, als gewünscht. Dann nur noch Spiralknoten knüpfen.

Spiralknoten-Variationen

Verwende Buchstabenperlen, um den Namen eines Freundes zu buchstabieren. Oder schreibe:

- den Namen Deiner Schule
- Deines Schulmaskottchens
- eines Vereins
- eines Freundes
- oder Deines Haustiers auf sein Halsband!

Kreuzknoten

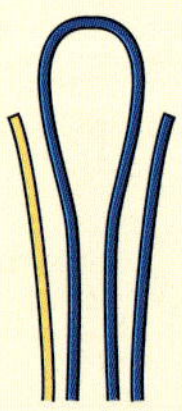

1 Die Fäden, wie auf dem Bild gezeigt, anordnen. Wenn Du gefaltete und einfache Fäden verwendest, leg die Schlinge und die Fäden zurecht und klebe sie auf.

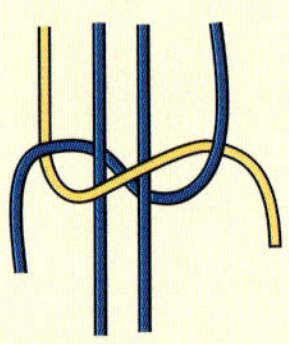

Teil 1:

2 Der rechte Faden wird unter die Trägerfäden und über den linken Faden geführt. Der linke Faden wird über die Trägerfäden und unter den rechten Faden geführt.

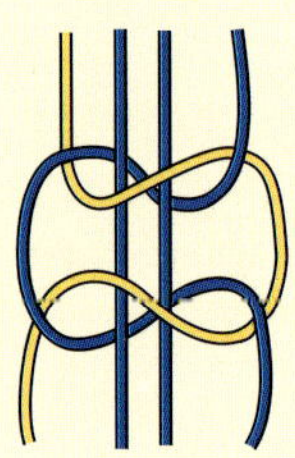

Teil 2:

3 Der rechte Faden wird über die Trägerfäden und unter den linken Faden geführt. Der linke Faden wird unter die Trägerfäden und über den rechten Faden geführt. Schritt 2 und 3 bis zur gewünschten Länge wiederholen.

Kreuzknoten mit sich abwechselnden Farben

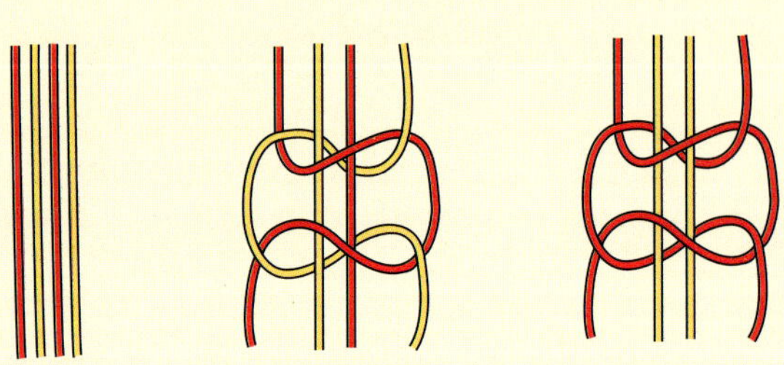

Ordne die Fäden in sich abwechselnden Farben an, knüpfe pro Farbe etwa 2,5 cm mit Kreuzknoten und wechsle dann die Farbe.

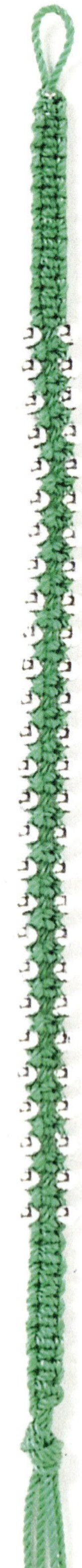

Kreuzknoten mit Perlen

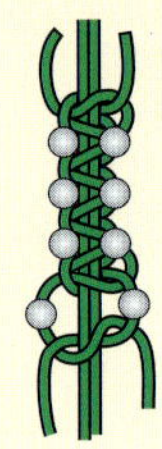

Etwa 4 cm mit Kreuzknoten knüpfen, dann damit beginnen, je eine Stickperle oder eine etwa 2 mm große, runde Perle auf die beiden Fäden neben den Trägerfäden zu fädeln. Perlen einarbeiten, bis das Band etwa 4 cm kürzer ist, als gewünscht, und mit Kreuzknoten fertig knüpfen.

Es gibt Hunderte von Garnfarben und Fäden, die Du so kombinieren und zusammenstellen kannst, wie Du es als Künstler wünschst! Ein Kennzeichen wahrer Künstler ist, dass sie ihr Talent mit anderen teilen – also zögere nicht, einer besonderen Person ein Freundschaftsband zu schenken, wenn es etwas zu feiern gibt!

Techniken zum Beenden der Armbänder siehe S. 18!

Freundschaftsbänder sind tolle geheime Erkennungszeichen unter Freunden! Vergiss nicht, einen Brief mitzuschicken, der die Geschichte des Wunsches erzählt, wenn Du ein Bändchen verschenkst! Die Geschichte findest Du auf den Seiten 2 und 18.

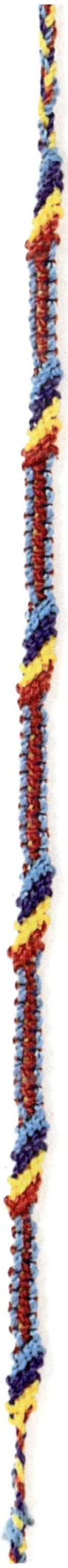

Kreuzknoten und Streifen

1 Ordne die Fäden in der gewünschten Reihenfolge an. Die Fäden für die Kreuzknoten liegen außen neben den Trägerfäden.

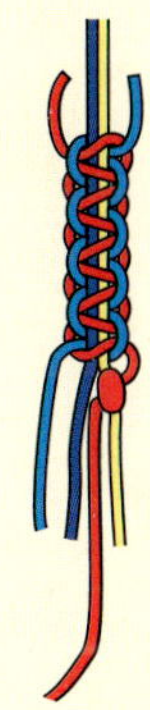

2 Knüpfe zuerst etwa 2 cm lang nur Kreuzknoten, dann knüpfe je einen Rechtsknoten auf jeden Faden. Alternative: Beginne mit den Streifen und knüpfe dann einen Abschnitt mit Kreuzknoten.

3 Knüpfe die Streifen und verwende dabei jeden einzelnen Faden.

Wiederhole die Schritte 2 und 3 bis zur gewünschten Länge.

Vergiss nicht: 2-mal knüpfen = 1 Knoten!

Kleine Diamanten

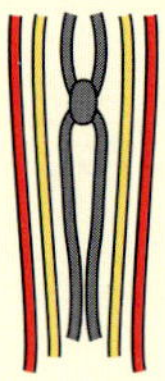

1 Mit den beiden mittleren Fäden einen Links- oder Rechtsknoten knüpfen.

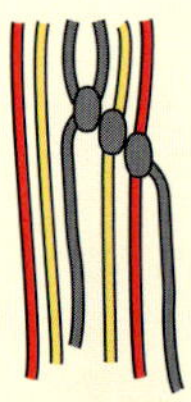

2 Von der Mitte aus Linksknoten nach rechts knüpfen.

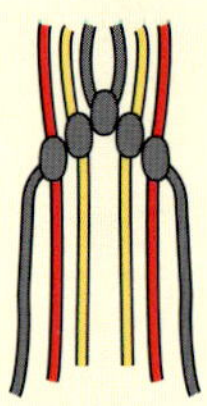

3 Von der Mitte aus Rechtsknoten nach links knüpfen.

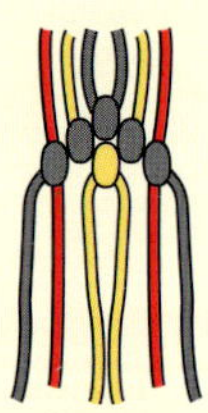

4 Mit den beiden mittleren Fäden einen Links- oder Rechtsknoten knüpfen.

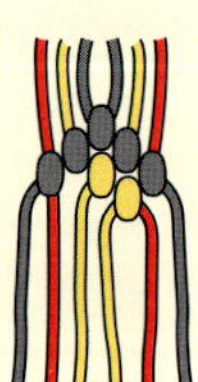

5 Einen Rechtsknoten über den nächsten Faden nach rechts knüpfen.

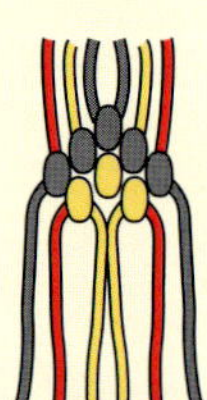

6 Einen Linksknoten über den nächsten Faden nach links knüpfen.

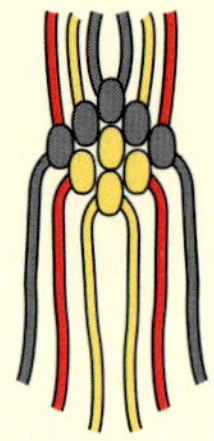

7 Einen Links- oder Rechtsknoten mit den beiden mittleren Fäden knüpfen.

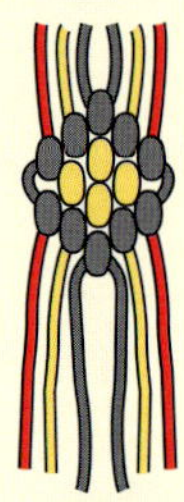

8 Von links Linksknoten in die Mitte knüpfen und von rechts Rechtsknoten in die Mitte knüpfen.

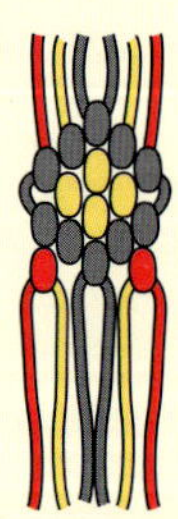

9 Einen Linksknoten rechts außen und einen Rechtsknoten links außen mit den äußersten Fäden knüpfen.

Die Schritte 1–9 bis zur gewünschten Länge wiederholen.

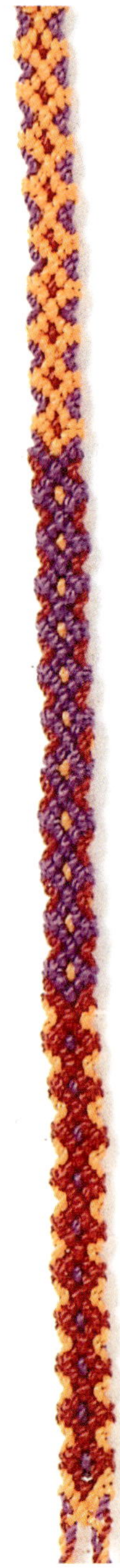

Farbenspiel mit Diamanten

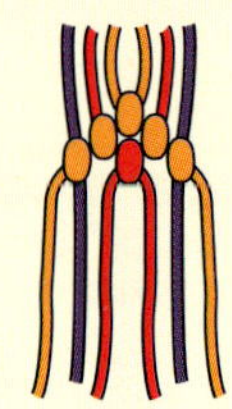

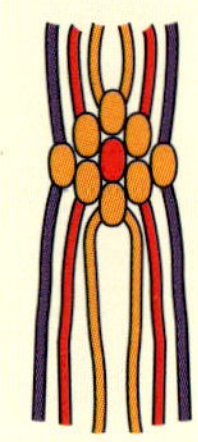

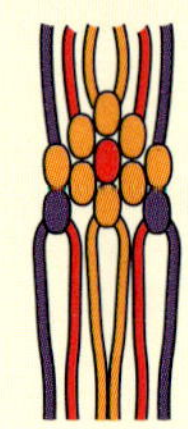

1 Den Schritten 1–9 des Armbandes „Kleine Diamanten“ (links) folgen, bis die gewünschte Länge erreicht ist. Das abgebildete Armband wurde je 5 cm lang in denselben Farben geknüpft.

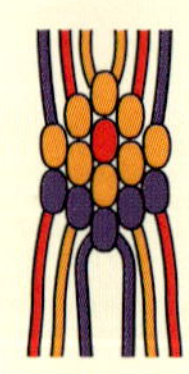

2 Um die Farben zu wechseln, knüpfe mit der Kontrastfarbe von links Linksknoten zur Mitte. Auf der rechten Seite mit Rechtsknoten wiederholen und einen Links- oder Rechtsknoten in die Mitte setzen.

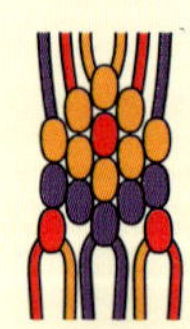

3 Außen rechts einen Linksknoten, außen links einen Rechtsknoten knüpfen.

4 Von der Mitte aus nach rechts 2 Linksknoten und nach links 2 Rechtsknoten knüpfen. Einen Links- oder Rechtsknoten mit den beiden mittleren Fäden knüpfen.

Bis zur gewünschten Länge wiederholen.

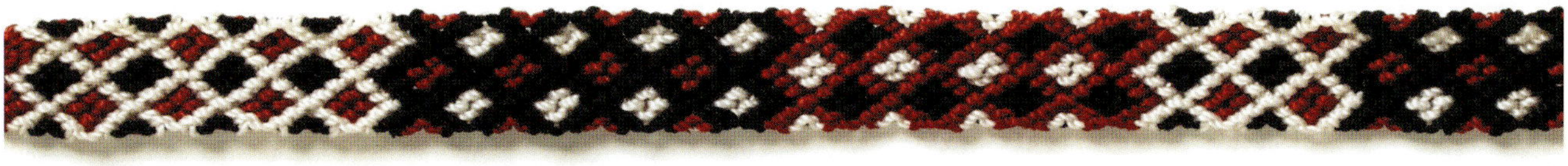

Großes Diamanten-Farbenspiel

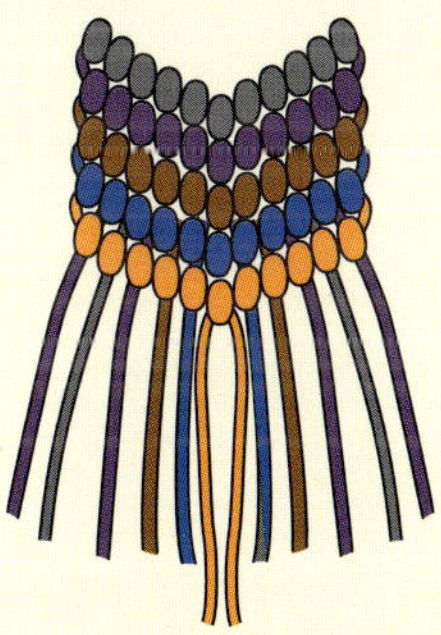

1 Knüpfe mit jeder Farbe je 1 Reihe im Fischgrätmuster (s. S. 4).

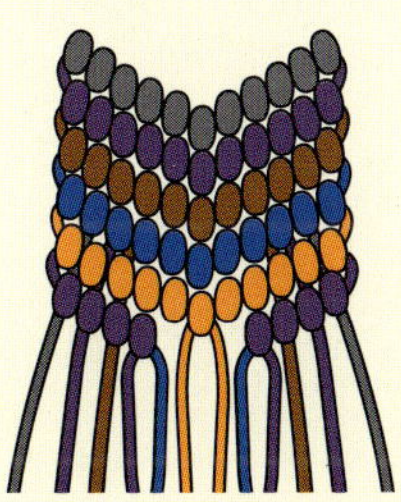

2 Von links aus 3 Linksknoten, dann 1 Rechtsknoten knüpfen. Von rechts aus mit 3 Rechtsknoten und 1 Linksknoten wiederholen.

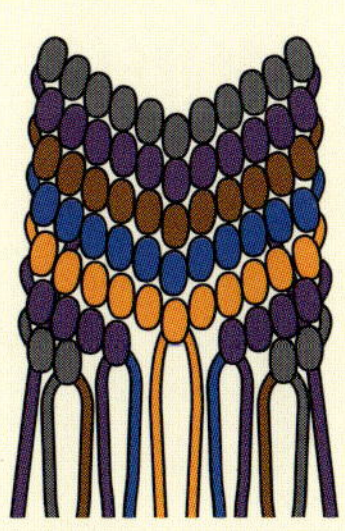

3 Schritt 2 mit 2 Knoten in der nächsten Reihe wiederholen. Dabei den letzten Knoten in die andere Richtung knüpfen.

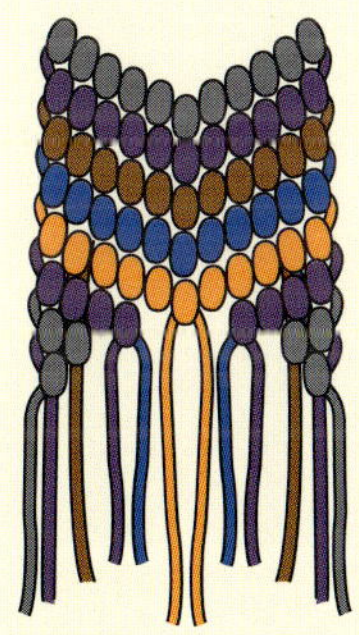

4 Knüpfe einen Rechtsknoten links außen und einen Linksknoten rechts außen.

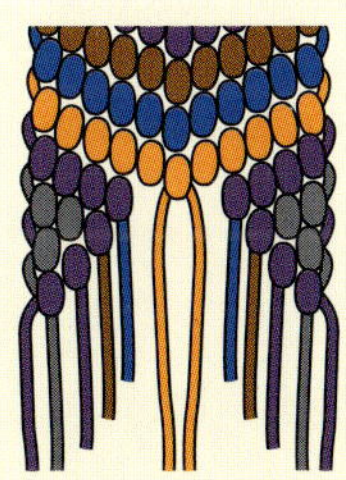

5 In der nächsten Reihe Rechtsknoten auf die linke und Linksknoten auf die rechte Seite knüpfen.

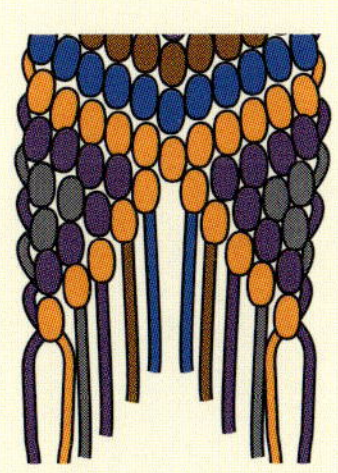

6 In der nächsten Reihe Rechtsknoten nach links knüpfen und dabei den letzten Knoten nach links knüpfen. Auf der rechten Seite Linksknoten knüpfen und beim letzten Knoten die Richtung ändern.

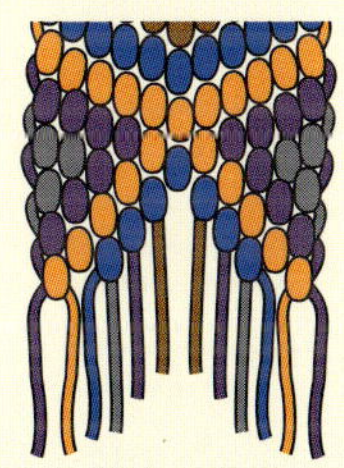

7 Die beiden Mittelfäden miteinander verknüpfen und von der Mitte aus Rechtsknoten nach links und Linksknoten nach rechts knüpfen. Die beiden äußeren Fäden bleiben unberührt.

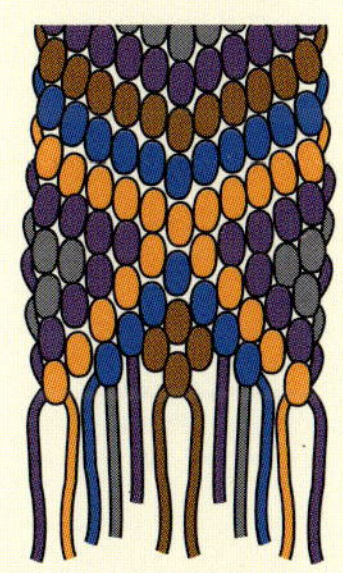

8 Den Schritten 4–7 des Musters „Kleine Diamanten“ (s. S. 12) folgen, um den Diamanten in der Mitte zu knüpfen.

9 Knüpfe Schritt 8 des Musters „Kleine Diamanten“ (s. S. 12) 2-mal, um den Unterteil des Diamanten zu schließen. Die Schritte 1–9 noch weitere 2 Mal wiederholen. (Um die Farbe des Diamanten zu wechseln, knüpfe bei Schritt 1 nur 4 Reihen im Fischgrätmuster.)

Dreifachdiamanten

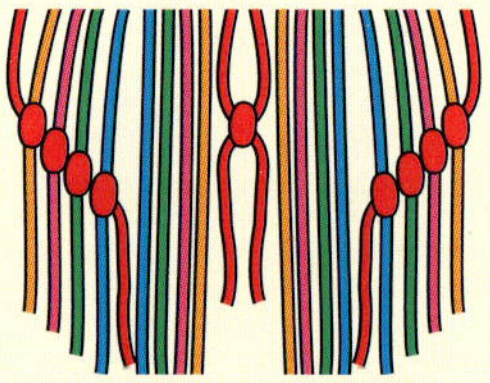

1 Ordne die Fäden, wie oben gezeigt, an. Einen Links- oder Rechtsknoten in die Mitte setzen. Von links aus 4 Linksknoten und von rechts aus 4 Rechtsknoten knüpfen.

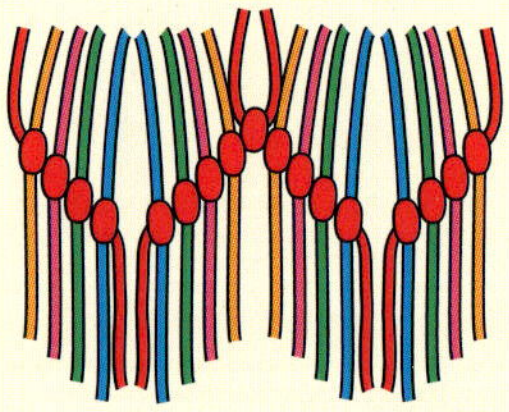

2 Von der Mitte ausgehend von links aus 4 Rechtsknoten und von rechts aus 4 Linksknoten knüpfen.

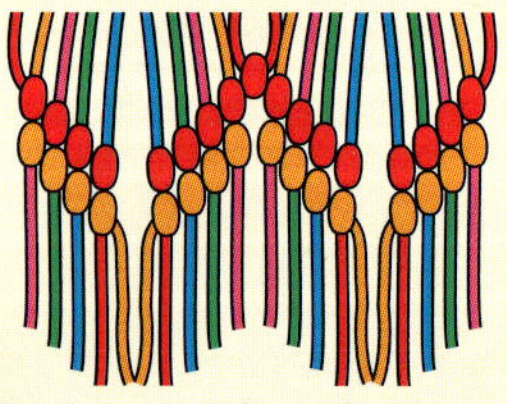

3 In der nächsten Reihe von links außen 4 Linksknoten und von rechts außen 4 Rechtsknoten knüpfen. Dann von links aus der Mitte 4 Rechtsknoten und von rechts aus der Mitte 4 Linksknoten knüpfen.

4 In der nächsten Reihe 3 Linksknoten von links aus und 3 Rechtsknoten von rechts aus knüpfen. Dann 3 Rechtsknoten aus der Mitte nach links und 3 Linksknoten aus der Mitte nach rechts knüpfen.

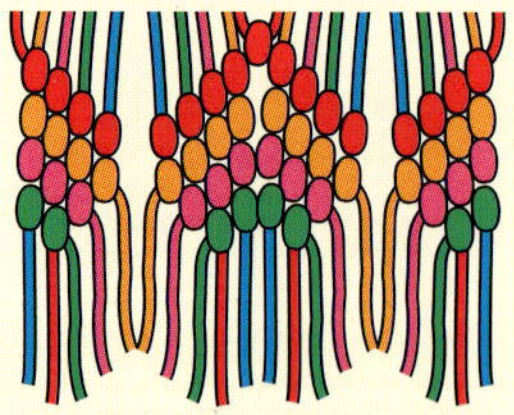

5 In der nächsten Reihe von links 2 Linksknoten und von rechts 2 Rechtsknoten knüpfen. Dann von der Mitte 2 Rechtsknoten nach links und 2 Linksknoten nach rechts knüpfen.

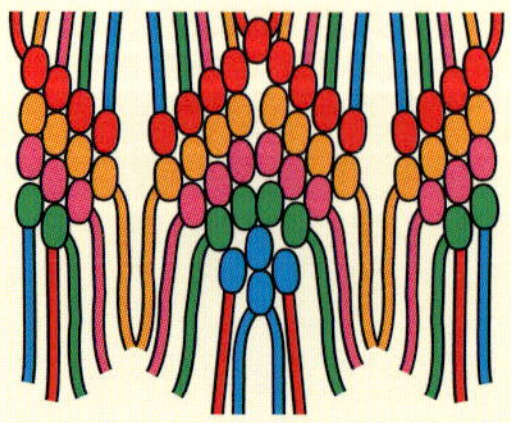

6 Folge den Schritten 4–7 des Musters „Kleine Diamanten" (s. S. 12), um den Diamanten in der Mitte zu knüpfen.

7 In der nächsten Reihe erst von links 2 Linksknoten, dann von rechts 2 Rechtsknoten unter den Diamanten in der Mitte knüpfen. Wiederholen und dabei auf jeder Seite 3 Knoten knüpfen.

8 In der nächsten Reihe erst von links 4 Linksknoten, dann von rechts 4 Rechtsknoten unter den Diamanten in der Mitte knüpfen.

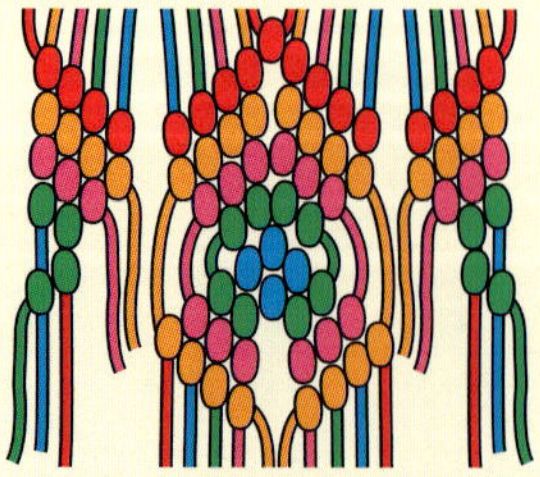

9 In der nächsten Reihe links außen 2 Rechtsknoten und auf der anderen Seite 2 Linksknoten knüpfen.

10 In der nächsten Reihe links außen 3 Rechtsknoten und auf der anderen Seite 3 Linksknoten knüpfen. In der nächsten Reihe links außen 4 Rechtsknoten und auf der anderen Seite 4 Linksknoten knüpfen.

11 Folge den Schritten 4–7 des Musters „Kleine Diamanten“ (s. S. 12), um die äußeren Diamanten zu knüpfen. Die obigen Schritte bis zur gewünschten Länge wiederholen.

Sei kreativ!
Kombiniere Diamanten mit Knotenreihen

Diamanten in Diamanten

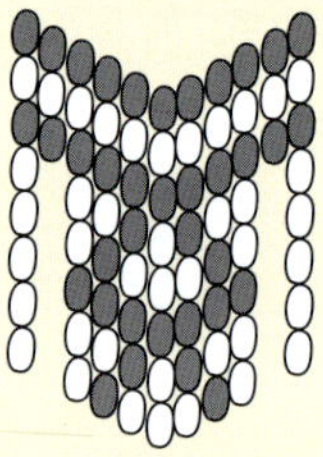

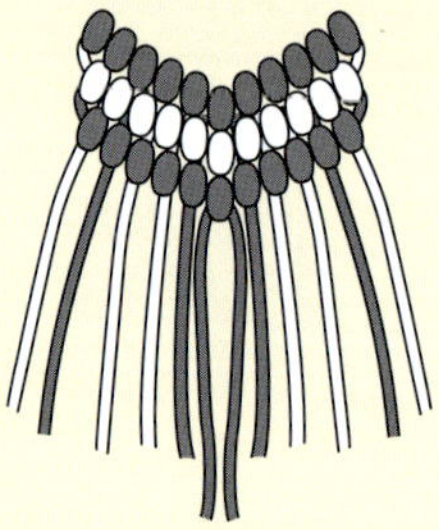

1 Knüpfe 3 Reihen im Fischgrätmuster (s. S. 4). Knüpfe dabei in jeder Reihe einen Links- oder Rechtsknoten in der Mitte.

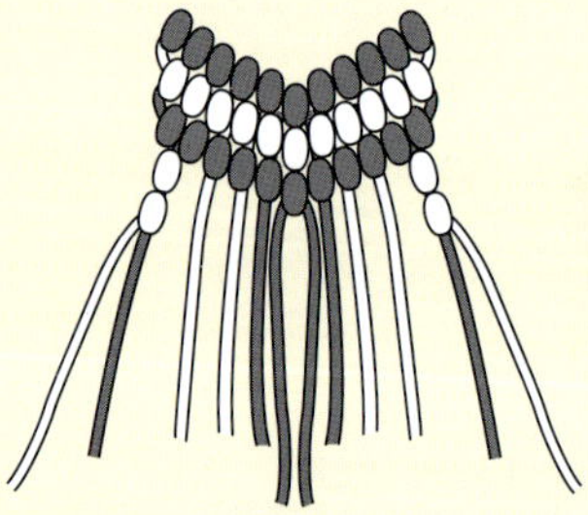

2 Den äußeren linken Faden mit Rechtsknoten und den äußeren rechten Faden mit Linksknoten versehen, bis das Muster die richtige Länge für die Diamanten hat.

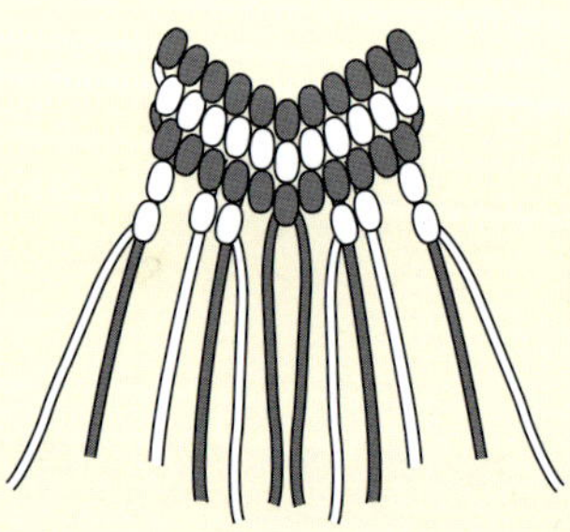

3 In der nächsten Reihe links 2 Linksknoten und rechts 2 Rechtsknoten zur Mitte hin knüpfen.

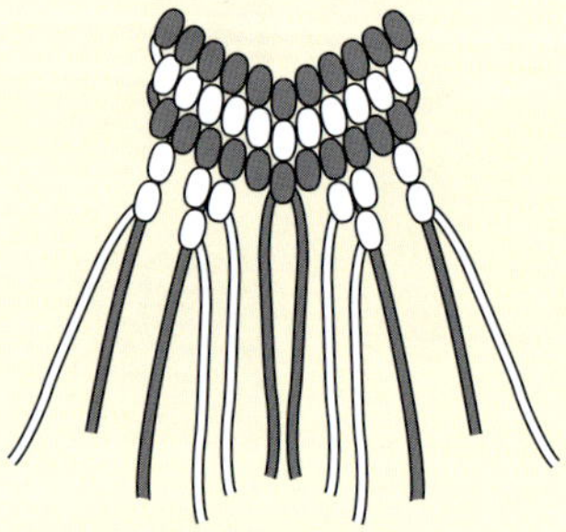

4 In der nächsten Reihe links 1 Linksknoten und rechts 1 Rechtsknoten zur Mitte hin knüpfen.

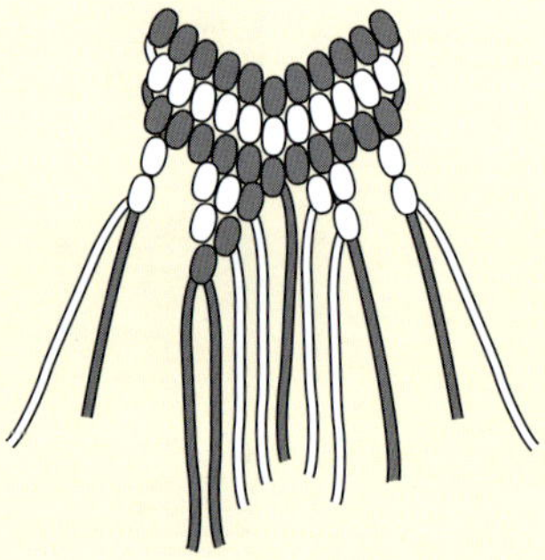

5 In der nächsten Reihe von der Mitte aus 3 Rechtsknoten nach links knüpfen.

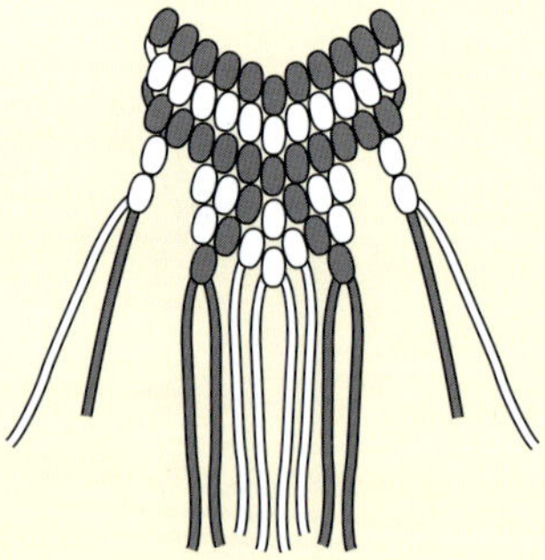

6 Von der Mitte aus 3 Linksknoten nach rechts knüpfen. Dies ergibt die Spitze des Diamanten. Den Schritten 4–7 des Musters „Kleine Diamanten" (s. S. 12) folgen, um den Diamanten in der Mitte zu knüpfen.

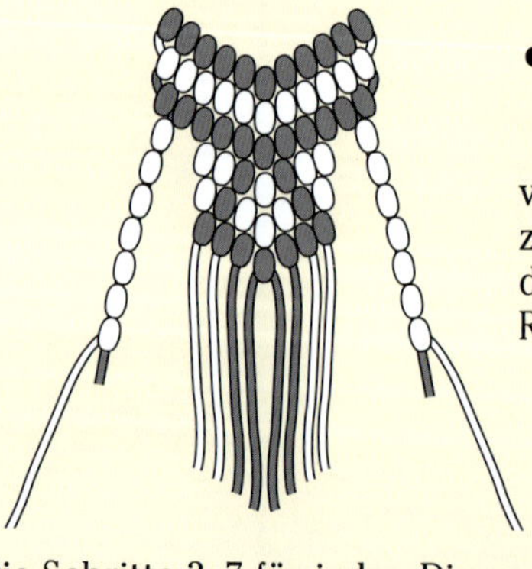

7 Knüpfe in der nächsten Reihe von links 2 Linksknoten und von rechts 2 Rechtsknoten zur Mitte hin und setze dann einen Links- oder Rechtsknoten in die Mitte.

Die Schritte 3–7 für jeden Diamanten des Musters wiederholen. Um die Farben zu wechseln, knüpfe jeweils eine Reihe mit allen 12 Fäden im Fischgrätmuster.

2-mal knüpfen = 1 Knoten!

Fisch

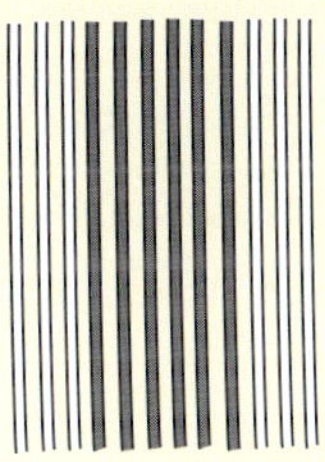

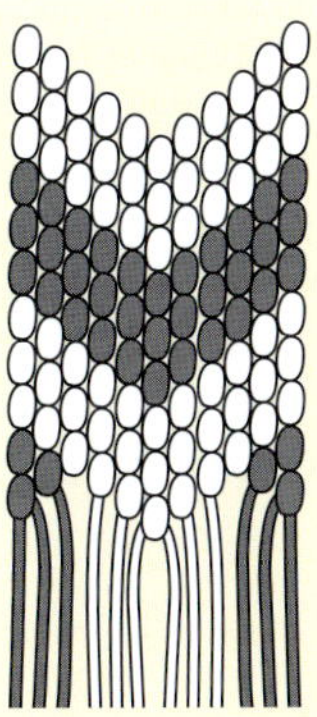

1 Knüpfe zuerst 9 Reihen wie in Schritt 1 des Musters „Großes Diamanten-Farbenspiel“ (s. S. 13) im Fischgrätmuster. Knüpfe in jeder Reihe einen Links- oder Rechtsknoten in die Mitte. Dann links außen 2 Linksknoten und rechts außen 2 Rechtsknoten knüpfen. Mit je einem Knoten wiederholen.

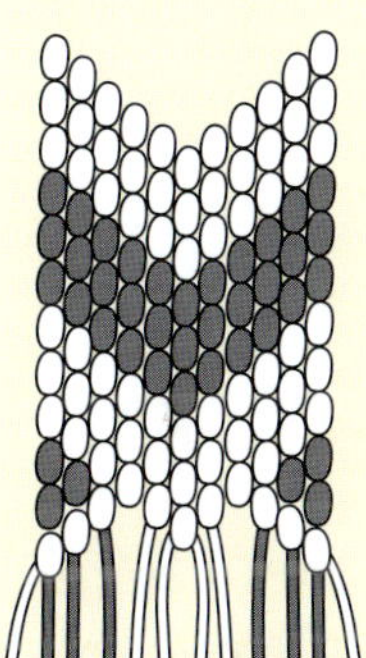

2 In der nächsten Reihe von der Mitte aus 3 Rechtsknoten nach links und 3 Linksknoten nach rechts knüpfen.

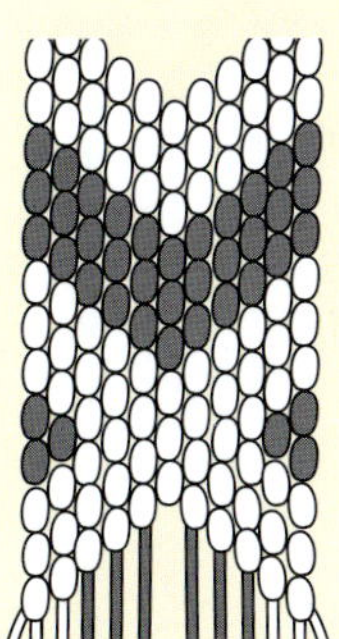

3 In der nächsten Reihe von der Mitte aus 4 Rechtsknoten nach links und 4 Linksknoten nach rechts knüpfen, in der folgenden Reihe mit je 5 Knoten wiederholen.

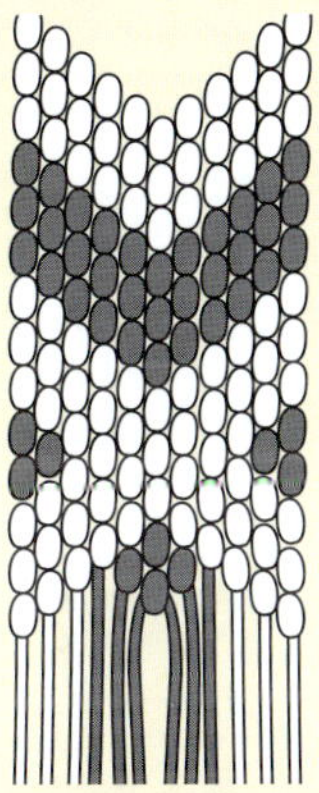

4 Folge den Schritten 4–7 des Musters „Kleine Diamanten“ (s. S. 12), um den Diamanten in der Mitte zu knüpfen.

5 In der nächsten Reihe 2 Linksknoten von links und 2 Rechtsknoten von rechts zur Mitte hin knüpfen. In die Mitte einen Links- oder Rechtsknoten setzen.

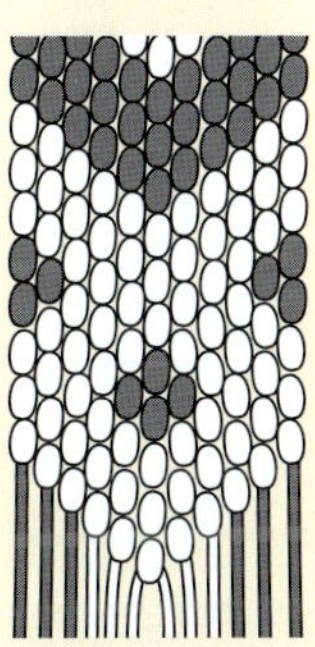

6 Knüpfe in der nächsten Reihe 3 Linksknoten von links und 3 Rechtsknoten von rechts zur Mitte hin. In die Mitte einen Links- oder Rechtsknoten arbeiten. In der nächsten Reihe mit je 4 Knoten wiederholen.

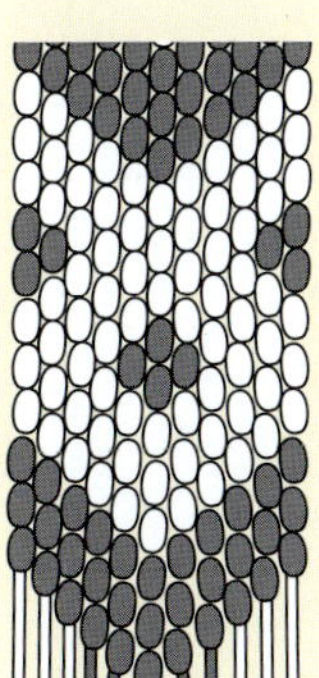

7 3 Reihen im Fischgrätmuster knüpfen (s. S. 4) und in jeder Reihe die Mitte mit einem Links- oder Rechtsknoten versehen. Diese Reihen ergeben den „Schwanz“ des nächsten Fisches.

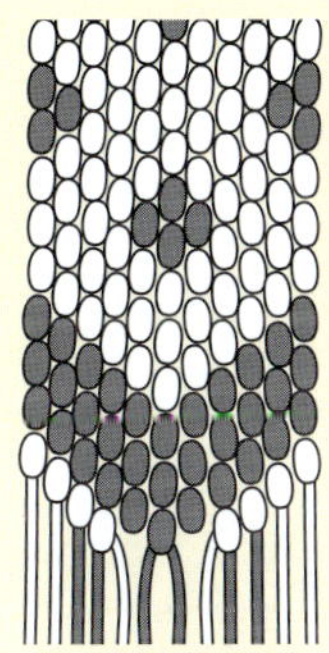

8 Knüpfe in der nächsten Reihe von links 4 Linksknoten und von rechts 4 Rechtsknoten zur Mitte hin.

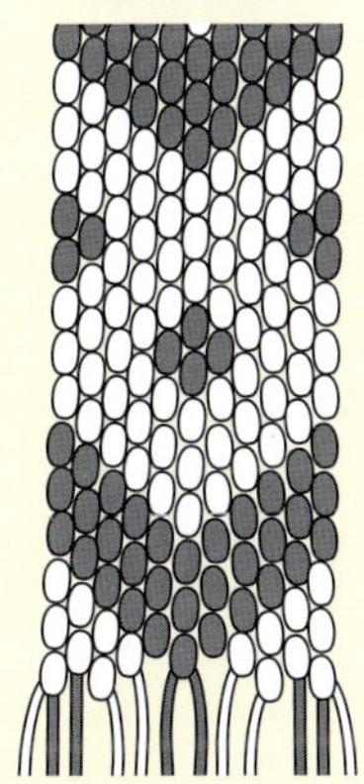

9 In der nächsten Reihe von links 3 Linksknoten und von rechts 3 Rechtsknoten zur Mitte hin knüpfen. In der nächsten Reihe links außen 1 Rechtsknoten und rechts außen 1 Linksknoten knüpfen.

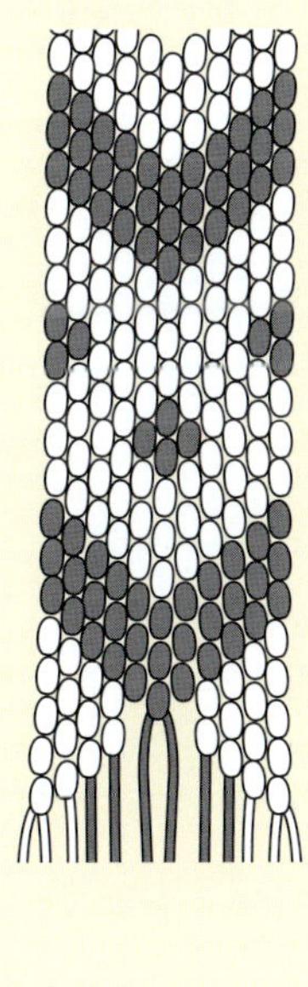

10 In der nächsten Reihe 2 Rechtsknoten nach links außen und 2 Linksknoten nach rechts außen knüpfen. In der nächsten Reihe 4 Rechtsknoten nach links außen und 4 Linksknoten auf der anderen Seite knüpfen. 3 Fischgrätstreifen von der Mitte aus nach außen hin knüpfen. Wiederhole das Muster ab Schritt 4 bis zur gewünschten Länge.

Zopf aus 3 Strängen

Es gibt eine Legende, die mit Freundschaftsbändern verbunden ist: Jemand knüpft ein Armband und bindet es um den Arm eines Freundes, der sich dann etwas wünschen darf. Löst sich das Armband von selbst, wird der Wunsch in Erfüllung gehen!

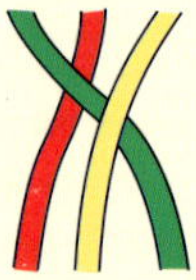

1 Der linke Faden wird über den mittleren und unter den rechten Faden geführt.

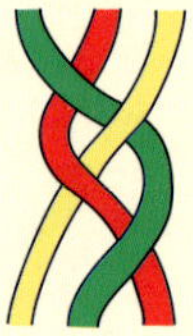

2 Der neue linke Faden wird über den neuen mittleren und unter den neuen rechten Faden geführt. Solange wiederholen, bis nur noch etwa 2,5 cm Faden übrig sind. Die Enden mit einem Überhandknoten verknoten, um ein Auftrennen zu verhindern.

Abschluss der Armbänder

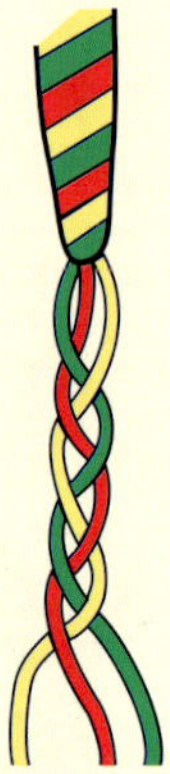

Teile die Fäden in 3 Stränge und flechte sie ein. Das Ende mit einem Überhandknoten befestigen.

Teile die Fäden in 2 Hälften. Teile dann jede dieser Hälften wiederum in jeweils 3 Stränge und flechte sie ein. Die Enden mit einem Überhandknoten befestigen. Um das Armband festzubinden, ziehe die geflochtenen Enden durch die Schlinge am anderen Ende des Armbandes.

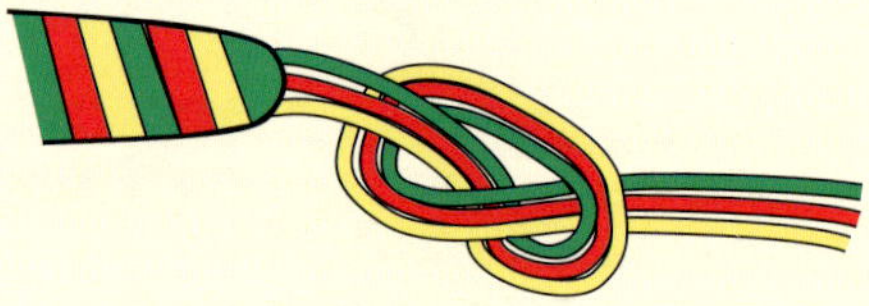

Verknote die Enden direkt unter dem Armband mit einem Überhandknoten. Schlinge die losen Enden um das Handgelenk Deines Freundes und knote das Band mit einem Überhandknoten oder einem Kreuzknoten (siehe Seite 10) fest.

Haarreifen

Du kannst ein Band auch mittig auf einen glatten Haarreifen kleben.